QUELQUES RÉFLEXIONS

SUR LE PROCÈS

DU CONSTITUTIONNEL

ET DU COURRIER,

ET SUR LES ARRÊTS RENDUS A CETTE OCCASION
PAR LA COUR ROYALE.

PAR

M. L'ABBÉ F. DE LA MENNAIS.

Prix : 1 fr., et 1 fr. 20 cent. par la poste.

PARIS,

AU BUREAU DU MÉMORIAL CATHOLIQUE,
RUE CASSETTE, Nᵒ 35.
1825.

IMPRIMERIE DE LACHEVARDIERE FILS,
RUE DU COLOMBIER, N° 30.

QUELQUES RÉFLEXIONS

SUR LE PROCÈS

DU CONSTITUTIONNEL

ET DU COURRIER.

Nous vivons en un temps où tout est matière à des réflexions sérieuses : car il ne s'élève pas une seule question, soit dans l'ordre politique, soit dans l'ordre religieux, qu'on ne soit ramené forcément à discuter les premiers principes de la religion et de la société. Quand on en est là, je ne sais trop ce qu'il y a de certain, ce qu'il y a de stable, et de quel point même on peut partir, dans l'infinie diversité des opinions, pour établir quoi que ce soit. En attendant que les faits se coordonnent avec la raison commune de tous les âges et de tous les pays, ou qu'une raison nouvelle, encore à créer, mette de l'accord entre les faits tels qu'ils sont, parvienne à les lier et à en former un ensemble que l'esprit conçoive, tout ce qu'on peut faire c'est de

1.

4

montrer, en les rapprochant les uns des autres, jusqu'à quel point ils paraissent incohérents et contradictoires, au moins dans l'état actuel de la raison humaine.

Le 50 juillet 1825, M. le procureur-général Bellard déféra aux tribunaux *le Constitutionnel* et *le Courrier français*, et conclut à ce que ces deux journaux fussent suspendus, *le Constitutionnel* pendant un mois, et *le Courrier français* pendant trois mois, « attendu que l'esprit » desdits journaux résultant de l'ensemble de » leurs feuilles, et notamment d'une succes- » sion d'articles cités en entier par l'exposant » dans un cahier signé de lui, est de nature à » porter atteinte au respect dû à la religion de » l'état (1). »

C'était sans doute à la seule autorité judiciaire qu'il appartenait de prononcer *légalement* sur cette grave accusation, bien que chacun ait le droit d'apprécier, suivant son propre jugement, les preuves rassemblées par M. le procureur-général, et dont il termine ainsi la longue énumération : « En dépit de leur hy- » pocrisie (des ennemis du catholicisme), leurs

(1) Réquisitoire de M. le procureur-général.

» desseins sont donc mis à nu ; leur odieux
» projet de miner la religion marche (1). »

Et quels sont les moyens employés, suivant
le réquisitoire, pour arriver à ce but *odieux?*
Les voici : « Mépris déversé sur les choses et
» les personnes de la religion ; provocation à
» la haine contre lesprêtres en général ; achar-
» nement à propager contre eux des milliers
» d'accusations fausses, au milieu desquelles
» s'en trouvent quelques unes de vraies, qu'on
» a grand soin de ressasser et d'empoisonner.
» —Les prêtres sont des tartufes ;.... ils sont les
» ennemis de la civilisation. Les missionnaires
» ne cherchent, dans leur vie ambulante, que
» des distractions gaies et aventureuses. —
» Même fureur à travestir, dans les ecclésiasti-
» ques, les intentions les plus pures. — Des pier-
» reries brillent, dans quelques grandes cérémo-
» nies, sur les habits sacerdotaux. Quel faste !
» Blâme aux évêques. Dans ce siècle d'éminente
» simplicité, ils montent bien quelquefois en car-
» rosse. Vit-on jamais un tel orgueil ? Haine aux
» évêques ! — haine aux prêtres de Saint-Vincent
» aussi ! haine aux frères de la Charité ! — Ils

(1) Réquisitoire cité.

» peignent le catholicisme opposé partout à la
» liberté..... Ils indiquent aux fidèles, appa-
» remment comme moyen assuré de salut, de
» cesser d'aller dans les églises, et de s'adresser
» aux prêtres ; etc., etc.—Tels sont les moyens
» perfides employés par les deux journaux in-
» culpés pour arriver à leur but, qui est de
» détruire la religion catholique pour y sub-
» stituer le protestantisme, ou plutôt le néant
» de la religion. C'est ce dont l'esprit le plus su-
» perficiel peut se convaincre en parcourant
» leurs feuilles (1). »

Nous le répétons, l'accusation a été jugée,
il n'y a plus désormais de question *légale*,
et c'était la seule qui fût douteuse : tout est
donc fini sur ce point. Si nous avons rappelé
sommairement le réquisitoire de M. le procureur-général, c'est qu'il était nécessaire de
connaître la nature des plaintes qu'il renferme,
pour comprendre les réflexions que nous allons présenter sur le genre de défense adopté,
d'ailleurs avec tant de succès, par les avocats
des journaux inculpés. Il ne s'agit point de la
cause en elle-même ; très peu importe, à notre

(1) Réquisitoire de M. le procureur-général.

avis, que *le Constitutionnel,* dans l'état des choses, soit ou ne soit pas suspendu pendant un
mois. Ce sont les doctrines qui nous intéressent,
les principes avoués par les partis, les vœux, les
desseins qu'ils manifestent, en un mot tout ce
qui peut répandre quelque lumière sur l'avenir ténébreux vers lequel nous marchons, et,
pour ainsi dire, aider la raison à se reconnaître
elle-même au milieu du désordre des opinions
et de l'effrayante révolution de toutes les idées
humaines.

Qu'une multitude de faits propres à rendre
le clergé odieux et la religion ridicule aient
été consignés dans les deux journaux déférés à
la cour royale, on ne l'a pas nié ; au contraire,
on a soutenu la vérité de ces faits, en ajoutant
qu'on aurait pu en citer beaucoup d'autres
semblables. Donc, premièrement, point de
calomnie ; et la conviction publique flottait sus-
pendue entre les affirmations très précises de
M. Bellart et de M. de Broë, et les dénégations
non moins précises de Mᵉ Dupin et de Mᵉ Mérilhou, lorsque le jugement de la cour est
venu faire pencher la balance contre les pro-
cureurs du roi, en faveur des avocats.

La calomnie une fois écartée, restait encore

la *diffamation*. Oh ! pour celle-ci, on en convient, sans aucune difficulté : « Mais nos lois
» ne contiennent pas de disposition déguisée
» qui mette les prêtres à l'abri de la révélation
» des fautes individuelles..... Il faut établir
» une différence entre le vice et la vertu, entre
» le désintéressement et l'avarice, entre la du-
» reté et la douceur ; nous refuser le droit d'é-
» tablir cette distinction, ce serait tarir les sour-
» ces de l'estime et du blâme ; ce serait, pour
» défendre le mauvais prêtre, priver le bon
» prêtre de la récompense temporelle de ses
» vertus (1). »

Ainsi, voulez-vous honorer le clergé, maintenir sa considération parmi le peuple, racontez au peuple toutes *les fautes individuelles* du clergé. La satire des prêtres peu édifiants, ou supposés tels, est l'éloge *tacite* des bons prêtres, et *la récompense temporelle de leurs vertus.*

« Mais, dit le ministère public, par le récit
» trop fréquent des fautes qu'on attribue aux
» ecclésiastiques, on affaiblit le respect dû à la
» religion (2). » En vérité, nous l'aurions cru

(1) Plaidoyer de Mᵉ Mérilhou.
(2) Ibid.

aussi, et nous le croirions encore davantage si on envenimoit ces récits par des réflexions, des insinuations malignes, si on *attribuoit* même aux *ecclésiastiques* des *fautes* qu'ils ne commirent jamais, comme l'a dit encore le ministère public. Pure erreur cependant: « cette idée offense à la fois et la religion et le » bon sens des citoyens (1). »

Donc, secondement, si l'on a diffamé le clergé, si « *l'on s'est plu à fixer sans cesse les yeux du peuple, sur l'immoralité, les crimes, les délits des prêtres à imputer à un évêque des instructions qu'il n'a pas données, à parodier les paroles d'un autre évêque à des hommes qui ne se découvraient pas devant la croix; si l'on a engagé les citoyens à déserter des temples, où, dites-vous, on prie Dieu avec scandale; si on les exhorte à se débarrasser de vieilles habitudes, de préjugés, de coutumes religieuses; à ne pas faire confirmer leurs enfants plutôt que de donner cinq sous; à abjurer la religion de l'Église catholique, tantôt par l'exemple de toute la population d'une commune, tantôt par d'autres exemples particuliers; là offrant* des prêtres moins inexo-

(1) Ibid.

rables, *ici la charité d'un* pasteur protestant ; *partout poursuivant, déchirant les personnes et les choses* (1): » c'est pour le plus grand honneur du clergé et pour le plus grand bien de la religion , qu'on *offense* en supposant seulement qu'elle puisse s'alarmer de ce nouveau moyen de la servir ; c'est enfin *pour défendre les libertés de l'Église gallicane*, et contre qui? contre les prêtres, contre les curés, qui osent obéir aux lois canoniques sur le mariage et sur les inhumations (2) ; contre *les prélats qui s'arrogent, en quelque façon, le pouvoir législatif dans leur circonscription, et rappellent des règles surannées, incompatibles avec nos mœurs actuelles* (3); contre tout le clergé *qui refuse d'enseigner la*

(1) Discours de M. de Broë.

(2) « Les dangers sont dans ces refus de sépulture, » genre d'outrage connu seulement depuis dix années, et » qui, répandu sur toutes les conditions, n'a pas craint » d'attaquer les magistrats des cours souveraines.— Les » dangers sont dans ces mandements épiscopaux, où » l'on flétrit du nom de concubinage le mariage que nos » lois ont consacré, et dans ces conférences théologiques » où l'on pose en question s'il est permis d'obéir à certaines lois. » Plaidoyer de M° Mérilhou.

(3) Plaidoyer de M° Dupin.

déclaration de 1682 (1), c'est-à-dire *contre l'É-
glise gallicane.* Pour qu'elle redevienne *libre,*
on demande qu'on la violente dans son enseignement, dans sa discipline, dans l'exercice
de sa juridiction; on demande qu'elle soit gou-
vernée par les tribunaux et par les commis de
l'administration, conseillés, dirigés par *le
Constitutionnel* et *le Courrier français.*

Certainement ce n'est pas ici de la raison *or-
dinaire*, de la raison *humaine*, dans le sens
qu'on attache à ce mot depuis soixante siècles ;
c'est une raison à part, une raison toute neuve,
à laquelle on est pardonnable de ne pas s'ha-
bituer tout d'un coup ; et qui obligera les hommes, si elle prévaut, à changer leur langage
même.

Mais cette déraison prodigieuse ne cache-
roit-elle pas un projet, un but? Non, elle ne
le cache pas, elle le montre ouvertement; et
c'est ce qu'il faut d'abord expliquer, pour
qu'on entende bien ce qui nous reste à
dire.

Une guerre mortelle fut déclarée, vers le mi-

____

(1) « Le refus presque général d'enseigner la décla-
» ration de 1682 est flagrant. » (Plaidoyer de M⁰ Dupin.)

lieu du dernier siècle, à la religion chrétienne, et cette guerre, continuée sans interruption, par différents moyens et sous différentes formes, n'a pas laissé, jusqu'à nos jours, un seul moment de repos à l'Église. La révolution essaya d'abord d'abolir subitement le christianisme; enivrée d'orgueil et de fureur, elle crut en finir d'un coup de hache. Vaine espérance! Les bourreaux s'entr'égorgèrent sur leurs propres échafauds, et le christianisme sanglant se releva plus fort que jamais. L'impiété s'aperçut alors qu'elle étoit allée trop vite, que le peuple étoit encore généralement plein de foi, qu'en lui ôtant ses prêtres, en les massacrant, on ne le détacheroit pas de ses croyances, et que, sous peine d'échouer de nouveau, il falloit l'amener peu à peu, là où on vouloit le conduire.

Et comme l'expérience prouve que le christianisme n'a de vie que dans l'Église catholique, qu'au dehors d'elle il s'affoiblit et s'éteint rapidement, et que l'Église catholique n'a elle-même de vie et de force que par son chef, le parti anti-chrétien résolut de diriger contre elle ses efforts, et de travailler à la détruire en la séparant du pape, sans toutefois cesser de

propager l'incrédulité dans les esprits , et spé-
cialement parmi la jeunesse, par une éduca-
tion conforme à ce dessein, et par la réimpres-
sion et même la distribution gratuite des
nombreux ouvrages où la religion catholique
est attaquée.

Que l'exécution de ce projet avance, qui
peut en douter après ce qu'on a vu, après tout
ce qu'on voit? Est-il besoin de rappeler la vive
opposition qu'éprouva, en 1817, un concordat
qui paroissoit devoir fermer une partie des
plaies de l'Église? Et, depuis dix ans, que de déclamations, que d'invectives, que de calomnies
contre les prêtres , contre les missionnaires ,
contre les ordres religieux , contre les évêques,
contre le saint-siége, afin d'avilir dans l'opinion
la religion catholique et ses ministres ! En même
temps on a pris à tâche de présenter comme
d'insoutenables prétentions , comme des actes
de tyrannie , comme des attentats à l'ordre public , à la paix des familles , et *aux libertés de
l'Église gallicane*, leur fidélité aux lois canoniques et l'exercice indispensable de leur juridiction spirituelle ; essayant ainsi tout ensemble et d'inspirer au peuple de la défiance, du
mépris et de la haine pour ses pasteurs, et de

14

plier au joug les pasteurs eux-mêmes, de les préparer, en les fatiguant, en les effrayant, à tout ce que plus tard on exigeroit d'eux. Puis, ainsi qu'on préludoit aux proscriptions révolutionnaires par des sobriquets qui devenoient bientôt pour ceux à qui on les appliquoit des arrêts de mort, on a créé, sous le nom de *fanatiques*, de *jésuites*, de *zélés*, d'*absolutistes*, d'*ultramontains*, des classes de victimes futures, contre lesquelles on invoque déjà la rigueur des lois. Enfin, pour se dégager de toute espèce de gêne, on a imaginé récemment d'envelopper tous les catholiques dans une accusation commune, et de les représenter comme *un parti* qui, dirigé par Rome, menace l'état, le roi, la société entière (1).

Le manifeste véhément qui révèle à la France les dangers qu'elle court de la part des *ultramontains* (autant vaudroit dire tout de suite les *papistes*), offre une telle ressemblance avec les plaidoyers des défenseurs du *Courrier français* et du *Constitutionnel*, qu'il est difficile de n'y pas voir un éclat concerté entre des hommes qui ont, au fond, les mêmes intérêts, les mê-

(1) Voyez le *Journal des Débats* du 11 novemb. 1825.

mes passions et les mêmes doctrines. Mais ce qu'il importe de faire remarquer, c'est la logique du parti, ses vœux, sa manière d'entendre les libertés qu'il nous prêche avec tant d'onction, et les sentiments de justice qui l'animent.

Après avoir disculpé leurs clients, sur le fait des attaques contre la religion de l'état, en assurant qu'ils n'avoient agi que par le plus pur zèle pour la religion de l'état, les avocats des deux journaux, prenant tout-à-coup le rôle d'accusateurs, défèrent à la vindicte légale ce *parti* qu'un autre journal déféroit à la vindicte de l'opinion, quelques jours auparavant. Vieilles déclamations contre Rome, suppositions de complots, d'intrigues vastes et ténébreuses, la souveraineté du monarque et l'indépendance nationale en péril, tout est mis en œuvre pour émouvoir les imaginations timides. Et quels sont ces conspirateurs, ces ennemis du trône et de l'état? Tous ceux qui n'adhèrent pas à la déclaration de 1682. — Fort bien; et le nombre en est-il grand?— « Le refus, *presque général* d'enseigner la dé-» claration de 1682 est flagrant (1). » Vous l'en-

(1) Plaidoyer de M⁰ Dupin.

tendez : donc c'est le clergé françois *presque* tout entier qu'on accuse de conspirer contre l'état, contre le roi, de mettre en danger sa souveraineté et l'indépendance nationale; donc c'est ce clergé qu'il faut traîner devant les tribunaux, ce clergé que *le Constitutionnel* et *le Courrier français* n'eurent jamais l'intention d'attaquer, à Dieu ne plaise! et non seulement le clergé, mais tous les véritables catholiques qui règlent leur foi sur l'enseignement de leurs pasteurs unis au pasteur suprême. Maintenant qu'on soutienne encore qu'on n'en veut point à la religion, qu'on sauroit la défendre si jamait elle étoit menacée (1). Et qu'est-ce donc, dites-le nous, que cette religion que vous défendriez? La religion catholique, apostolique, romaine? Pour nous, voilà la nôtre, voilà celle que nous défendons, et que nous défendrons jusqu'à la mort. Si vous êtes catholiques aussi, cessez de faire violence à l'Église, qui ne reçoit de lois que d'elle-même, cessez de vouloir asservir à vos pensées l'épiscopat, et son chef, seuls juges de la doctrine. Si vous n'êtes catholiques que de nom, quittez, quittez

(1) Voyez le numéro des *Débats* déjà cité.

vite un vain déguisement, sortez de l'Église ; elle gémira de perdre quelques uns de ses enfants, mais elle se réjouira de n'avoir à combattre que des ennemis ouverts.

Enfin nous savons aujourd'hui pourquoi, dans le langage du parti, les Français fidèles à leur foi ne s'appellent plus des *catholiques*, mais des *ultramontains*. La haine a trouvé ce mot pour les calomnier plus aisément, pour les désigner en toute sûreté à la persécution, pour créer un mot *légal* qui permît de les dénoncer aux tribunaux, et de provoquer contre eux des poursuites judiciaires (1), des *procès*

(1) « Il étoit permis alors (du temps des parle-
» ments) de s'endormir avec sécurité sur la foi de ces
» institutions nombreuses et puissantes, qui préservoient
» des attaques étrangères et nos libertés religieuses et les
» droits de l'autorité temporelle. Il étoit permis alors
» d'adopter sur ces points importants la paisible quiétude
» du ministère public de nos jours, et de réduire, comme
» lui, la question de l'ultramontanisme, aux termes
» d'une controverse indifférente, dans laquelle on peut,
» sans inconvénient, suivre innocemment les opinions
» les plus opposées. Mais ces temps sont changés.....
» Viennent les dangers, nous dit le ministère public,
» viennent les dangers et les magistrats sauront les con-
» jurer !..
» Viennent les dangers ! Grand Dieu ! quand ces dan-

2

de tendance ; et cela toujours, ne l'oubliez pas, afin de maintenir les *libertés de l'Église gallicane.*

Et que leur reproche-t-on cependant ? Quels sont les griefs qu'on allègue contre le clergé et contre au moins vingt millions de Français, qui n'ont pas, en religion, d'autre doctrine, d'autre foi que la sienne, et que dès lors il faudroit aussi, pour être conséquent, déférer aux cours royales ? On leur reproche leur inviolable attachement au pape, et de reconnoître pleinement sa souveraineté spirituelle ;

» gers furent-ils plus nombreux, plus flagrants, plus in-
» contestables ? (Plaidoyer de Mᵉ Mérilhou.)

En répliquant à M. de Broë, Mᵉ Dupin crut devoir à sa conscience libérale et gallicane quelques délations spéciales. Il dénonce le *Mémorial,* il dénonce le *Catéchisme du sens commun,* il dénonce M. Würtz : ici M. le premier président l'interrompt :   . .

« Je dois vous prévenir que M. le procureur général » se propose de déférer cet écrit à la cour la semaine » prochaine.»

« Mᵉ Dupin. — A la bonne heure donc ! *Le Consti-* » *tutionnel* aura du moins rendu ce service ; et, si l'au- » teur dit qu'il vous fera voir *ce que c'est qu'un prêtre,* » on verra donc enfin *ce que c'est aussi qu'un procureur* » *général ?* » (Drapeau blanc du 4 décembre).

c'est-à-dire, encore une fois, qu'on leur reproche d'être *catholiques*, voilà leur crime, leur seul crime, mais crime énorme en effet, crime de *lèze-révolution !* Grâce à Dieu, le dernier voile est levé, et les plus aveugles peuvent voir clairement ce que naguère encore on essayoit de leur cacher. Voulez-vous qu'on vous tolère, soyez *gallicans;* voulez-vous être *gallicans,* rompez avec Rome. Déjà l'on appelle la vigilance de l'administration *sur la frontière, où les communications avec les ultramontains qui nous bordent s'entretiennent avec plus de facilité* (1); et celui qui s'irrite de *ces communications* est le même homme qui loue Bossuet de ce que « toute sa vie n'a été animée que par » cette grande pensée, *l'unité de l'Église* (2); » ou, en d'autres termes, d'avoir consacré sa vie entière à établir ou à préparer de religieuses *communications* entre tous les peuples et le saint siége, centre nécessaire, centre unique de *l'unité de l'Église.* « Qui ne sait, s'écrioit » en présence de l'assemblée du clergé, cet il- » lustre évêque, qui ne sait ce qu'a chanté le

(1) Réplique de M⁰ Dupin à M. de Broë.
(2) Plaidoyer de M⁰ Dupin.

»grand saint Prosper, il y a plus de douze
»cents ans : *Rome le siége de Pierre, devenue,*
»*sous ce titre, le chef de l'ordre pastoral dans*
»*tout l'univers, s'assujettit par la religion ce*
»*qu'elle n'a pu s'assujettir par les armes ?* Que
»volontiers nous répétons ce sacré cantique
»d'un père de l'Église gallicane ! C'est le can-
»tique de la paix, où, dans la grandeur de Rome,
»*l'unité de toute l'Église est célébrée*(1). » Et
encore : « Sainte Église romaine, mère des
»Églises et mère de tous les fidèles, Église
»choisie de Dieu pour unir ses enfants dans
»la même foi et dans la même charité, nous
»tiendrons toujours à ton unité par le fond de
»nos entrailles. Si je t'oublie, Église romaine,
»puissé-je m'oublier moi-même! Que ma lan-
»gue se sèche et demeure immobile dans ma
»bouche, si tu n'es pas toujours la première
»dans mon souvenir, si je ne te mets pas au
»commencement de tous mes cantiques de
»réjouissance(2)! »

Qui ne reconnoîtroit dans ces saintes et
magnifiques paroles tout le cœur d'un catholi-

(1) Sermon sur l'Unité, Ire partie.
(2) Ibid. IIIe partie.

que et tous les sentiments d'un évêque? Et vous qui nous citez ce grand évêque, quel est votre langage? Comment parlez-vous de cette *Église mère*, de cette *Église choisie de Dieu pour unir ses enfants dans la même foi et dans la même charité?*

« Sentez les coups de cette épée dont la » poignée est à Rome et la pointe partout (1). »

Voilà comme l'Église romaine *est toujours la première dans votre souvenir*, voilà comme *vous la mettez au commencement de tous vos cantiques de réjouissance.*

Vous nous parlez de Bossuet, vous l'opposez au pontife romain, aux évêques, à l'Église entière : eh bien, écoutez encore Bossuet : « Tremblez à l'ombre même de la division, » songez au malheur des peuples, qui, ayant » rompu l'unité, se rompent en tant de mor- » ceaux et ne voient plus dans leur religion que » la confusion de l'enfer et l'horreur de la mort. » Ah! prenons garde que ce mal ne gagne. » Déjà nous ne voyons que trop parmi nous » de ces esprits libertins, qui sans savoir ni » la religion, ni ses fondements, ni ses origi-

____

(1) Plaidoyer de M⁰ Dupin.

» nes, ni sa suite, blasphêment ce qu'ils igno-
» rent, et se corrompent dans ce qu'ils savent:»
« nuées sans eau, poursuit l'apôtre saint Jude,
» docteurs sans doctrine, qui pour toute au-
» torité ont leur hardiesse, et pour toute science
» leurs décisions précipitées:» « arbres deux
» fois morts et déracinés; » morts premièrement
» parcequ'ils ont perdu la charité; mais double-
» ment morts, parcequ'ils ont encore perdu la
» foi; et entièrement déracinés, puisque, dé-
» chus de l'une et de l'autre, ils ne tiennent
» à l'Église par aucune fibre : « astres errants »
» qui se glorifient dans leurs routes nouvelles
» et écartées, sans songer qu'il leur faudra
» bientôt disparoître (1). »

Vous nous parlez de la déclaration de 1682 :
eh bien, écoutez la déclaration de 1682. Elle
prononce sans doute ce mot de *libertés* dont
vous vous faites une arme contre l'Église et
contre son chef; mais qu'ajoute-t-elle? « Il en
» est aussi qui, sous prétexte de ces libertés,
» ne craignent pas de porter atteinte à la pri-
» mauté de saint Pierre et des pontifes romains
» ses successeurs, instituée par Jésus-Christ;

(1) Sermon sur l'unité, IIIe partie.

» à l'obéissance qui leur est due par tous les
» chrétiens, et à la majesté, si vénérable aux
» yeux de toutes les nations, du siége aposto-
» lique où s'enseigne la foi et se conserve l'u-
» nité de l'Église. *Les hérétiques, d'autre part,*
» *n'omettent rien pour présenter cette puissance,*
» *qui maintient la paix de l'Église, comme insup-*
» *portable aux rois et aux peuples, et pour sépa-*
» *rer, par cet artifice, les âmes simples de la*
» *communion de l'Église et de Jésus-Christ.* »

L'avez-vous entendu? Lisez bien, car cha-
que mot est à peser, c'est le texte de votre
évangile. Ces hommes qui *n'omettent rien pour*
présenter la puissance du pontife romain comme
insupportable aux rois et aux peuples, qui sont-
ils? Les connoissez-vous? Lisez encore, ne
vous lassez point, remarquez le but que se
proposent ces *hérétiques* détracteurs de Rome:
ils veulent, *par cet artifice, séparer les âmes*
simples de la communion de l'Église et de Jésus-
Christ ; tel est leur odieux projet. Que si néan-
moins, pour mieux accomplir leur dessein,
pour surprendre plus facilement *les âmes sim-*
ples, ils osent se dire *catholiques,* que faudra-
t-il croire, leur déclaration, ou la déclaration
de 1682?

Mais passons à un autre reproche qu'on adresse aux catholiques véritables, aux *ultramontains*, comme on les appelle. Ils attaquent, dit-on, la souveraineté du roi. — En effet, ce sont les *ultramontains*, c'est le clergé qui a ourdi, depuis dix ans, toutes les conspirations contre le trône ; c'est lui qu'on a vu figurer à Grenoble, à Lyon, à Saumur, à Béfort, à Paris, devant les commissions militaires et sur les bancs des cours d'assises. — Cependant *la déclaration de* 1682 qu'il rejette ! car c'est toujours là qu'on en revient. — Nous discuterons prochainement, dans un autre écrit, cette fameuse déclaration. En attendant, apprenez-nous si, en ce qui tient à la question présente, vous l'admettez vous-même ; expliquez-vous avant d'accuser. Le premier article établit l'origine *divine* du pouvoir : *Omnis potestas à Deo.* Autant pour nous que pour elle, c'est là un principe sacré. Or, ce principe est-il aussi le vôtre ? Avouerez-vous que le roi tient son pouvoir de Dieu, et de Dieu seul ? Condamnerez-vous, comme une impiété, votre dogme chéri de la souveraineté du peuple ? Point de milieu pourtant : ou dites anathême à cette prétendue souveraineté, ou déclarez franchement que vous protestez contre le premier des quatre articles.

Sera-ce leur opposition aux trois derniers qui sera le crime des *ultramontains?* Et que devient donc cette liberté des opinions que vous nous vantez, s'il ne leur est pas permis d'avoir leur opinion sur des questions théologiques? Et si c'est pour eux un délit d'exprimer l'opinion qui est la leur, *que devient cette liberté de la presse qui rend tant de services, dans l'état actuel de la société, qu'on peut dire qu'elle est devenue un besoin universel, une condition de notre existence* (1). Quoi ! *on ne pourroit condamner la tendance au protestantisme, parceque ce seroit interdire aux protestants le prosélytisme, et par conséquent violer la charte* (2), et l'on condamneroit légalement *la tendance au catholicisme,* on interdiroit aux catholiques la défense d'une doctrine professée par le chef de la catholicité?

Mais cette doctrine nous déplaît , elle nous alarme. — A cela voici ce que nous répondrons :

(1) Plaidoyer de M⁰. Dupin.
(2) Plaidoyer de M⁰ Mérilhou.

« Si vos opinions étoient menacées, est-ce
» donc par la force et par la contrainte qu'il
» faudroit aller à leur secours? Faudroit-il vous
» montrer inquiets, éperdus comme les prêtres
» de l'ancienne loi qui jetèrent un cri d'effroi
» aux premières annonces du christianisme, et
» qui, ne pouvant en appeler à la vérité, parce-
.» qu'elle étoit contre eux, en appelèrent aux
.» licteurs de Félix et de Festus?

» Ah! disons-le avec un écrivain de bon
» sens(1): *Qui establit son discours par bra-*
» veries et commendements (et je pourrois
» *ajouter par réquisitoire), il montre que la rai-*
» *son y est foible* (2). »

. Vous ne parlez que de l'évidence de vos
opinions et de vos maximes, vous ne réclamez
que la liberté: « Conçoit-on que l'on veuille
» encore, en son nom, imposer par voie d'au-
» torité silence à ceux dont les discours dé-
» plaisent, afin de donner ainsi à ses détrac-
.» teurs occasion de dire qu'on redoute d'en
» venir à raisonner froidement avec eux (3)? »

(1) Montaigne.
(2) Plaidoyer de M⁰ Dupin.
(3) Ibid.

Soyez conséquents au moins une fois; vous
» vous plaignez que les catholiques ne cher-
» chent pas à vaincre par le raisonnement, mais
» par le silence qu'ils veulent à toute force que
» l'on impose à leurs adversaires (1); » et dès
qu'un catholique ouvre la bouche pour raisonner, que faites-vous, de grâce, hommes si
forts de raison, et si passionnés pour la liberté?
Vous recommandez éloquemment l'audacieux
raisonneur à M. le procureur-général.

Est-ce donc qu'on ne verra jamais la fin
de ces déclamations hypocrites? Est-ce que
toujours le mensonge hardi prévaudra sur la
vérité? Est-ce qu'après une si longue proscrip-
tion elle n'aura pas aussi son jour de triom-
phe? Mais, que dis-je, son jour? Les jours
sont de la terre, et passeront avec elle:
qu'importe ce qui passe à la vérité qui ne passe
point? son jour à elle c'est l'éternité.

Nous avons défendu le clergé français contre les calomnies aussi odieuses qu'insensées
de ses ennemis; nous avons mis à décou-
vert leur projet d'abolir la religion catholique
en France : ici se termineroit notre tâche, si,

____

(1) Plaidoyer de M⁰ Dupin.

des arrêts rendus par la cour, il ne résultoit une question grave, qu'il est nécessaire d'examiner. Les jugements qui acquittent les deux journaux inculpés ne peuvent être le sujet d'aucune controverse. La cour a déclaré : *qu'il n'y avoit lieu à suspendre le Courrier français,* attendu, que quoique, *à la vérité plusieurs de ses articles fussent de nature à porter atteinte au respect dû à la religion de l'état,* ces articles, *peu nombreux, paroissoient avoir été provoqués par certaines circonstances qui pouvoient être considérées comme atténuantes ; notamment par l'introduction en France des doctrines ultramontaines, hautement professées, depuis quelque temps, par une partie du clergé français ;* doctrines, est-il dit dans l'arrêt touchant le *Constitutionnel, qui menaceroient tout à la fois l'indépendance de la monarchie, la souveraineté du roi et les libertés publiques, garanties par la Charte constitutionnelle et par la déclaration du clergé de France, de 1682, déclaration toujours reconnue et proclamée loi de l'état.*

« Nous ne concevons pas parfaitement comment le zèle pour *la déclaration de 1682, reconnue et proclamée loi de l'état,* excuseroit *les atteintes portées au respect dû à la religion de l'état.* Cette maxime paroît peu propre à concilier à la doctrine qu'on semble vouloir protéger, l'adhésion de ceux pour qui la religion seroit au-dessus de la déclaration : et lorsqu'en effet on réfléchit que la déclaration n'est, après tout, que l'ouvrage des hommes, tandis que la religion est certainement l'œuvre de Dieu, il est difficile de trouver étrange que les catholiques n'hésitent pas à préférer la religion à la déclaration, la vérité même de Dieu à l'opinion de quelques hommes, si respectables qu'ils puissent être d'ailleurs.

Il y a plus, les principes *religieux* (il faut bien se servir de ce mot) du *Constitutionnel* et du *Courrier français* sont connus de toute l'Europe, et le procès même que ces journaux viennent de soutenir si heureusement, a mis dans tout leur jour leurs sentiments à l'égard de la religion catholique et de ses ministres. Voilà dont la déclaration dont ils ont pris la défense, identifiée à jamais par l'arrêt de la cour avec les doctrines qu'ils professent, ce qui n'ajoutera pas beaucoup probablement à la confiance qu'elle pouvoit inspirer aux vrais chrétiens. Nous ne parlons pas seulement du clergé, mais de tous les catholiques ; on en rencontrera peu qui veuillent l'être à la manière du *Constitutionnel* et du *Courrier*.

Une question d'un autre ordre et d'un haut intérêt se présente à l'occasion d'un des arrêts de la cour. Est-il vrai que la déclaration de 1682 soit une loi de l'état? Il est permis de discuter ce fait, puisque l'opinion de la cour peut être contredite par le jugement d'un tribunal plus élevé, et qu'enfin les lois autorisent l'examen des lois mêmes.

D'abord, nous n'hésiterons pas à le dire, l'ordonnance de Louis XIV qui prescrivit l'enseignement exclusif de la doctrine contenue dans la déclaration de 1682, cette ordonnance bien moins inconséquente qu'elle ne le seroit aujourd'hui, et que le Roi lui-même révoqua, n'en étoit pas moins un acte de despotisme inouï, ou, pour employer l'expression d'un célèbre jurisconsulte anglais, *une blâmable usurpation d'autorité* (1). Rien ne pouvoit justifier cette violence faite à la conscience ; la religion catholique étoit vraiment alors la religion de l'état ; il

(1) The Historical Memoirs of the Church of France, etc., by Charles Butter, p. 48.

ne reconnoissoit qu'elle : or , en vertu de quels principes prétendoit-on forcer des catholiques à adopter des sentiments réprouvés par le chef de l'Église catholique , et dominer leur conviction par des commandements de l'autorité civile? Au nom des *libertés de l'Église gallicane*, il fut enjoint péremptoirement à l'Église gallicane , de *soutenir* des maximes rejetées de toutes les autres églises , unies au saint siége ; il fut défendu d'*écrire* en faveur des maximes contraires , en faveur de la doctrine tenue et enseignée par presque toute l'Église universelle ; et la *contrainte* , on ne le niera pas , *vint* réellement cette fois *au secours du raisonnement.*

Mais ce qui n'étoit alors qu'un acte de despotisme , une violation des droits de la conscience , un funeste attentat à la liberté de l'enseignement et à l'indépendance de l'église, seroit de plus aujourd'hui une monstrueuse contradiction, et le renversement complet de notre législation politique et civile : aussi sommes-nous surpris que M. le procureur du roi n'ait pas appelé de l'arrêt de la cour, comme fondé , dans l'un de ses *considérants* , sur une erreur évidemment destructive de la charte.

Lorsqu'on fait des lois, il faut les accepter telles qu'on les a faites, et nul, pas même un tribunal, n'a le droit d'en limiter arbitrairement l'extension, ou de les suspendre à l'égard d'une classe particulière de citoyens.

D'après ces principes incontestables, examinons, je ne dis pas si la déclaration de 1682 *est* une loi de l'état, mais s'il est *possible*, la charte subsistant, que la déclaration de 1682 *devienne* jamais une loi de l'état.

Et d'abord, qu'est-ce qu'une loi de l'état, lorsqu'il s'agit, comme on assure que c'est le cas présent, de la souveraineté et de ses droits? Une loi de l'état, en ce cas, est un commandement qui oblige également, et sous le même rapport, tous les membres de l'état. Ceci est trop clair pour qu'il soit besoin de s'arrêter à le prouver, ou de le développer davantage.

Et qu'est-ce que la déclaration de 1682? Une exposition doctrinale du sentiment particulier des auteurs de la déclaration sur quelques points de la théologie catholique.

Soutenir que la déclaration de 1682 est une loi de l'état, ce seroit donc soutenir que l'état enjoint à tous ses membres de professer, sur ces points de théologie catholique, les mêmes sentiments que les auteurs de la déclaration.

Ce seroit donc soutenir que l'état enjoint à tous ses membres d'être catholiques ; et que devient alors la liberté absolue de religion établie par la charte, et l'égale protection qu'elle garantit à tous les cultes ?

Que ces conséquences soient inévitables, on va le voir si clairement, nous l'osons dire, que tout homme d'un peu de sens rougiroit de les contester.

L'état peut exiger de ses membres, et par le fait il exige de presque tous les fonctionnaires publics, la promesse d'obéir à ses lois ; et tout membre de l'état, requis de ce serment d'obéissance, doit le prêter, si les lois de l'état n'offrent aucune disposition contraire à la loi de Dieu et à la conscience. Ce sont là des principes éternels, avoués de tout le monde, hors l'athée peut-être.

Or, supposons qu'on appelle tous les membres de l'état devant les cours royales, pour y jurer obéissance à la déclaration de 1682. Qu'arrivera-t-il ? voyons.

Un juif se présente d'abord : que lui deman-

dera monsieur le premier président, et que ré-
pondra le juif?

M. le premier président. Adhérez-vous à la
déclaration de 1682?

Le juif. Pardon si je ne vous comprends
pas: qu'est-ce que cette déclaration, et que
déclare-t-elle ?

M. le premier président. La célèbre déclaration de 1682 établit dogmatiquement, et par
voix d'exposition, la supériorité du concile général sur le pape.

Le juif. Je n'entends rien à ce que vous
dites. Qu'est-ce que le pape et le concile général?

M. le premier président. Ce sont deux
grandes autorités dans l'Eglise; mais le concile
est la plus grande, et c'est ce qu'il est nécessaire que vous reconnoissiez, car nous l'avons
déclaré ainsi.

Le juif. Voilà qui est singulier qu'il faille
que je me décide entre le concile et le pape,
desquels je n'avois jamais entendu parler, au
moins du concile. Et cette Église dont vous
parlez aussi, qu'est-ce que c'est?

M. le premier président. L'Église est la société des disciples de Jésus-Christ, fils de Dieu,
et sauveur des hommes.

Le juif. De Jésus-Christ! A Dieu ne plaise que je le reconnoisse, ni lui, ni rien de ce qui tient à lui! Je le maudis tous les jours dans la synagogue.

M. le premier président. Ah! dans la synagogue, je comprends; vous êtes juif, à ce qu'il paroît?

Le juif. Oui, M. le premier président, pour vous servir, à la bourse ou ailleurs, selon mes petits moyens, et de bon cœur, je vous assure.

M. le premier président. C'est autre chose, vraiment. Vous êtes juif! Que ne le disiez-vous tout d'abord? Cela change bien l'affaire. La loi en question ne vous regarde pas, car il y en a une autre qui promet une protection égale à tous les cultes. Celle-ci est comme le concile, et l'autre n'est que comme le pape, et le concile est supérieur, ainsi que je vous l'ai dit. Allez donc, mon ami, moquez-vous et du pape et des conciles, et de Jésus-Christ: puisque c'est votre religion, vous en avez le droit.

Viendront ensuite les luthériens, les calvinistes, les méthodistes, les protestants de toutes les sectes, qui tous nient, non seulement l'autorité des papes et des conciles, màis toute autorité spirituelle quelconque. Que leur dira M. le premier président ? Exigera-t-il qu'ils avouent qu'une *non autorité* est au-dessus d'une *non autorité* , ou les forcera-t-il , pour éviter cette absurdité risible , de reconnoître et l'autorité du pape et l'autorité des conciles, ou d'abjurer ce qu'ils nomment leur religion ?

Il en sera de même de ceux qui usent de la liberté des opinions, jusqu'à n'admettre aucune religion positive; et chacun sait si le nombre en est grand. Demandez au déiste, au matérialiste, si le pape est supérieur au concile, ou si le concile est supérieur au pape, et ce qu'ils croient là-dessus? Ils vous répondront que le pape n'est à leurs yeux qu'un homme comme eux, les Pères des conciles des hommes comme eux; et, sans le respect que la cour leur inspireroit sans doute , ils ajouteroient que loin d'admettre aucune autorité dans les Pères des conciles et dans le pape, ils les regardent tous comme des imposteurs, ou au moins comme les ministres d'une aveugle et funeste superstition. Or, les contraindrez-vous, pour donner un sens à la déclaration exigée d'eux, de croire à la révélation, à

la vérité du christianisme et à tous les principes fondamentaux de la foi catholique?

Demandez enfin à l'athée (car on peut l'être
légalement), s'il admet l'origine *divine* de la
souveraineté, établie par le premier des quatre
articles? Faites la même question à tous les
disciples de J.-J. Rousseau, à tous les admi-
rateurs du *Contrat social*, qu'on réimprime cha-
que jour sans que vous y trouviez à redire,
à tous les partisans de la souveraineté du peuple,
à tous ceux qui ont applaudi aux révolutions
de Naples, d'Espagne et de Piémont : pensez-
vous qu'ils adhéreront, sur votre invitation légale, au principe *du droit divin,* que celui qui
ne croit pas en Dieu conviendra sincèrement
que tout pouvoir vient de Dieu ; et se peut-il,
au contraire, imaginer de dérision plus extra-
vagante?

Ainsi la déclaration de 1682 seroit une loi
de l'état uniquement pour les catholiques.
Mais elle ne sauroit l'être pour eux pas plus que
pour les autres, à moins qu'on ne les place
hors de la loi commune, à moins qu'ils ne
soient seuls exclus de la liberté promise par la
charte à toutes les opinions et à toutes les re-
ligions. Car, ou les maximes de la déclara-

tión de 1682 sont de simples opinions théologiques, ou elles sont des vérités de foi, ou tenant, à la foi que tout catholique est en conscience obligé d'admettre.

Si elles ne sont que de simples opinions, on est libre, entièrement libre de les adopter ou de les rejeter, de les soutenir ou de les combattre, ou bien la charte n'est qu'un vain mot.

Si on dit que ce sont des vérités de foi, ou tenant à la foi, que tout catholique est en conscience obligé d'admettre, on renverse la base de la religion catholique, qui ne reconnoît ce caractère que dans les vérités proposées à la croyance des fidèles par l'Église universelle et par son chef. Alors le catholique que la loi contraindroit à professer la doctrine des quatre articles, seroit, à raison même de sa qualité de catholique, forcé d'abjurer solennellement le principe fondamental de la religion catholique. Est-ce là, encore une fois, la protection garantie par la charte? Est-ce là le privilége de la religion de l'état? Est-il maître de la détruire, parcequ'il a déclaré qu'elle étoit la sienne?

Allons plus loin: il y a, on le sait, des catholiques réels, et des hommes qui en prennent

le nom pour frapper, sous ce masque imposteur,
plus dangereusement l'Église. Or les premiers
seroient les seuls sur qui pèseroit l'expression.
On pourroit attaquer tant qu'on voudroit, en
un certain sens, la déclaration de 1682, inviolable dans le sens contraire. Un exemple
éclaircira notre pensée.

Un concile œcuménique, le saint concile de
Trente, a, dans ses canons dogmatiques, dit
anathème à ceux qui nieroient que l'Église a le
droit d'apposer des empêchements dirimants
au mariage (1); c'est-à-dire qu'un concile œcuménique a défini comme de foi, que tout mariage contracté sans dispense, sous un empêchement dirimant, étoit nul devant Dieu, ou
n'étoit pas un véritable mariage. Un journal
ecclésiastique, qui a été loué par les défenseurs
du *Constitutionnel* et du *Courrier français*, soutient, de son côté, la validité de ces mariages.
Il contredit donc la définition d'un concile œcuménique, il attaque donc la plus haute autorité qui soit dans l'Église, selon la doctrine de
la déclaration, qu'il fait d'ailleurs profession
publique de défendre. Or je réclame ici une

(1) Concil. Trident. sess. **xxiv**. can. 3.

réponse nette et précise : s'il est légalement
permis à M. T. de se croire au-dessus du concile et de l'écrire, pourquoi ne seroit-il pas permis de croire et d'écrire que le pape n'est pas
au-dessous de M. T. ?

Que dis-je? Bossuet lui-même nous apprend,
au sujet des libertés de l'Église gallicane, qu'il
y a plusieurs manières de les entendre, et que
les évêques ne les entendent pas comme les
entendent les magistrats (1). Quelle sera , dans
cette diversité d'interprétations, la manière *légale* de les entendre, et dans quel sens sera-t-on
obligé d'y adhérer? Les entendra-t-on comme
les évêques? Aussitôt vous voilà en guerre avec
les magistrats. Les entendra-t-on comme les magistrats? Il faut, sur des questions de doctrine,

(1) « Dans mon sermon sur l'unité de l'Église, pro-
» noncé à l'ouverture de l'assemblée de 1682 , je fus in-
» dispensablement obligé de parler des libertés de l'É-
» glise gallicane, et je me proposai deux choses : l'une
» de le faire sans aucune diminution de la véritable gran-
» deur du saint siége ; l'autre de les expliquer de la ma-
» nière que les entendent nos évêques , et non pas de la
» manière que les entendent nos magistrats. » (*Lettre au
cardinal d'Estrées. OEuvres de Bossuet*, tom. IX , p.
275. édit. de 1778.)

se mettre en opposition avec les juges de la doctrine, ou cesser d'être catholique. Nul milieu.

En résumé : ou la déclaration de 1682 seroit une loi purement civile, indépendante de toute religion ; et alors elle obligeroit tous les membres de l'état. Or on a vu dans quel abîme d'absurdités on est entraîné nécessairement par cette supposition manifestement opposée aux faits.

Ou la déclaration de 1682 , intimement liée à une religion particulière , ne seroit une loi que pour les catholiques ; et alors elle renverseroit évidemment le principe fondamental de l'Église catholique , elle constitueroit une oppression *privilégiée* pour la religion de l'état, raviroit aux catholiques la liberté dont jouissent les autres membres de la société, et suspendroit pour eux toutes les lois politiques auxquelles on semble attacher le plus de prix.

Quand donc on défère aux tribunaux un prêtre que ses vertus ont environné du respect universel, pour avoir publié son opinion sur les quatre articles de 1682 , que peut-on voir dans cet acte qu'une erreur momentanée de la magistrature? Il est triste, sans doute, que cette erreur suive de si près les délations violentes des inquisiteurs libéraux du gallicanisme; mais nous ne croirons jamais qu'on veuille par des procès inconciliables avec les *lois* mêmes qu'on prétendroit défendre, imposer silence aux catholiques attaqués de toutes parts, et réduire en servitude le clergé français, sous le prétexte de maintenir *les libertés gallicanes.* Que diront les magistrats à ce prêtre vénérable dénoncé par M⁰ Dupin, lorsqu'il paroîtra devant eux? Lui feront-ils un crime de n'avoir pas en théologie la même doctrine que *le Constitutionnel* et *le Courrier*? Le puniront-ils de penser sur l'autorité des pontifes romains ce que pensoit Fénélon? Établiront-ils, en principe de droit, qu'il est loisible à chacun de nier la foi catholique, la divinité de Jésus-Christ, la révélation, tout enfin, excepté la supériorité du concile sur le pape? Après avoir proclamé si solennellement la *liberté* des opinions, mettra-t-on l'opinion d'un théologien sur les *libertés* gallicanes à l'amende, et l'emprisonnera-t-on pour le forcer d'être *libre*?

Ne craignons rien de semblable : ce seroit faire injure aux tribunaux La loi, en France, autorise toute discussion sérieuse et de bonne foi; elle autorise, nous le répétons, la discus-

sion des lois mêmes. Que de choses n'a-t-on
pas écrites pour et contre le jury, pour et contre les lois de finance, pour et contre les lois
d'élection : et sur la déclaration de 1682, sur
elle seule, toute discussion seroit interdite !
On discuteroit sur l'Évangile, et l'on ne per-
mettroit pas de discuter sur les quatre articles!
En vérité, le bon sens rougit de ce qu'il est
réduit à prouver.

Oui : nous le disons avec une conviction
profonde : oui, l'on est libre, parfaitement
libre, de discuter la déclaration de 1682, d'admettre ou de rejeter les maximes qu'elle renferme. Nous userons de cette liberté, parceque
aujourd'hui c'est un devoir, parcequ'il est
temps de regarder au fond d'une doctrine dont
tous les sectaires abusent si audacieusement ;
il est temps, pour parler le langage de la déclaration elle-même, d'éclairer *les âmes simples
sur les artifices* qu'on emploie *pour les séparer
de la communion de l'Église et de Jésus-Christ.*
Que les auteurs de ces *artifices* feignent de s'a-
larmer pour la souveraineté du roi, les faits,
des deux côtés, parlent trop haut pour qu'on
soit dupe de ces hypocrites alarmes. Nous
croyons plus qu'eux que *la plénitude de la sou-*

veraineté *temporelle appartient au roi dans son royaume* ; mais nous croyons aussi que le pouvoir *spirituel* s'étend sur les rois aussi bien que sur les autres hommes; autrement, ou les rois ne seroient pas des hommes, ou tous les hommes ne seroient point assujettis à la puissance que Dieu a instituée pour les gouverner dans l'ordre du salut. Aucune menace, aucune crainte ne nous fera taire ce qui nous semble vrai et utile à dire. La cause sacrée dont nous avons embrassé la défense nous soutiendra elle-même, de sa force invincible, dans le combat; on pourra nous persécuter, on ne nous lassera jamais. Et puisqu'on a rappelé avec affectation un mot que nous prononçâmes en des circonstances assez semblables à celle-ci, nous l'expliquerons à ceux qui n'ont pas encore su le comprendre, afin qu'au moins à l'avenir *ils sachent ce que c'est qu'un prêtre.* Un prêtre est un homme de paix, qui compatit à toutes les foiblesses comme à toutes les misères humaines ; mais il est en même temps un ministre de Dieu, chargé de veiller à sa religion et de combattre pour elle. Que si on lui dit : *Nous vous défendons d'enseigner en ce nom;* sa réponse est simple : *Il vaut mieux obéir à*

Dieu qu'aux hommes (1). Préparé à tout, mais tranquille, si on l'outrage, si on le persécute, c'est alors qu'il commence, comme l'apôtre saint Paul, à reconnoître en lui-même *un mi-* *nistre de Jésus-Christ.* Il endure, sans se plaindre, pour son maître, *le travail, les périls, la prison, la mort.* Il compte avec joie ses *plaies*, et il dit : *S'il faut se glorifier, je me glorifierai de mes souffrances* (2). Qu'on le haïsse, qu'on l'insulte, il aime et il bénit : qu'on le tue, il pardonne. Si vous ne le saviez pas, voilà le prêtre !

(1) Act. V, 29.
(2) Ep. II, ad Corinth. cap. XI.

FIN.